urs werner hänni – sibe brünne

urs werner hänni

sibe brünne

bärndütschi gedicht
churzi gschichte
haiku u senryû

books on demand

Vom gleichen Autor bei BoD erschienen:

2013 – « är, äs u süsch no…» bärndütschi gedicht
ISBN: 978-3-7322-5539-9

Herstellung und Verlag: BoD – Books on Demand, Norderstedt
Umschlagfoto und Buchgestaltung: Urs W. Hänni

ISBN: 978-3-7357-5964-1

heit der scho einisch probiert,
e chli bärndütsch z verstah oder z läse?[1]

1 – Guido Schmetzer in « Bern für Anfänger »
Diogenes Verlag Zürich (1962)

är u äs

äs i ihn verknallt
är macht de manne dr hof
beidi no ledig

us em senryû-atelier

är u äs

We är töupelet
hottet 's nümm

we 's nümme hottet
wird äs ulydig

we äs ulydig isch
geit er i bäre

we är im bäre hocket
cholderet äs

we äs cholderet
töupelet är

(da capo)

amor

äs mit syr ganze
schlosserei
dr schrube
quer dür ds nasebei
grüen gfärbte negel
rote haar
nimmt heroin
u nümm alls wahr

är treit e ring
im ohreläppi
het es *tattoo*
es *rasta*-chäppi
u e verstochne
unterarm
e laueri
dass gotterbarm

drum cha sech amor
nid entschliesse
uf die zwöi no
es pfyli z schiesse

eros

hommage à kurt marti

är füdleblutt
rasierte gring
im naseloch
e silberring
dr dräckig hund
zwüsche de bei
zäh fläsche
wo usdienet hei

äs blondi haar
es *décolletée*
läng scheiche
wo sech chöi la gseh
u ds schmale
'rosa loui' bändli
i fiine
rot laggierte händli

was findet
so es rassigs chrabi
a däm mit bier
abgfüllte schlabi

ds lili

ds lili es nätts chrabeli
bedienet i dr bahnhof apothegg
me cha nid grad bhoupte
äs syg uf ds muul gheit
u we 's emal eleini
mit emene chund
im lade isch
erloubt äs sech öppe
es gspässli
drum geit fredi
immer gärn dert
ga syner medi hole
u we er grad keni bruucht
är findet de scho e usred
für chli ga z chäschperle
mit däm aamächelige ladebüsseli

– grüessech herr zimmermaa
wird er wider mal begrüesst
wo er zur ladetür y tschalpet
was darf 's hütt sy?
fragt 's fründlech

är het grad gmerkt
dass äs aleini

u zu flouse ufgleit isch

– eehmm
chniepet er füre
u schilet derby uf ds *décolletée*
vo sym härzige *vis-à-vis*
i wetti gärn hagebutte tee

– so so
seit ds lili mit emene schmunzle
loset d hagebutte cha ech gärn gä
aber dr tee müesset dihr de
scho sälber aabrüeije

– scho rächt scho rächt
itz bruucht i o no kamille tee

– o d kamille cha i öich gä
dr tee machet dr de
deheime gället
darf 's ächt süch no öppis sy?

– eeh ja
seit fredu mit emene ougezwinkere
bruscht tee…

13

z vil isch z vil

äs wett scho lang
vo ihm es ching
schad het är
so e herte gring
mit *parfum*
bringt 's ihm
jitz dr schmus
fasch ds halbe gütterli
läärt 's uus
wo 's wider
näb sym liebschte steit
fragt dä

– bisch ines bschüttloch gheit?

nümm elei

är isch nümm
ganz elei
schlarpet
gchäppelet hei
tätscht i ds näscht
het du no
müetin
i d arme gno

z mornderisch
jemersch nei
im garte ligt
dä tropf
het gmeint
är syg dehei
arflet
e chabischopf

e-chilter

är macht
pär telefon
dr hof
nume
sym wärbe
fählt dr *charme*

äs findet
ässämässle
doof
hätt lieber
är nähmt
ihns i arm

was nützt
ihm jitz
di tschätterei
we d meitschi
lieber
müntschi hei?

ds grosi

är isch knapp nüüni
u macht luter
juflispil
uf sym *computer*

äs cha nümm spile
mit em ching
's fählt am refläx
am klaare gring

ds rote haarschübeli

Über dr sitzlähne vor ihm
winkt fräch
es rots haarschübeli

basel – bärn
är het ja zyt
vilecht ergit sech
e glägeheit ds gfräsli
wo zu däm schübeli ghört
o no z gseh...

rächts i dr schybe
spieglet sech e wyssi hand
wo i mene frouemagazin bletteret
e chli unscharf zwar
derfür grad drüfach
drüber äbefalls drüfach
härzigs profil
mit emene stupsnäsli

di chupferrote haar
bewege sech im rhythmus vo dr musig
wo dür hässlechi ohrestöpsle
uf d trummelfäll
y hämmere

18

une fille branchée
isch 's ihm dür e chopf

är git sech e ruck
u geit afe emal uf d toilette
bim zrügg cho
erfahrt er nid grad viel nöis
über di reisendi
wo e halbe meter vor ihm
gäge bärn raaset
si isch z fescht
i ihri lektüre vertieft
ei gwüssheit het er afange
dr strubel isch e ke perügge

es blybt ihm nüt anders übrig
als wider i ds drüfach verglasete
wagefänschter vom ICE z luege

churz nach olte mues äs du o
u wo es zrügg chunnt cha er ändlech
öppe drei sekunde lang
ines wunderschöns
smaragdgrüens
ougepaar stuune…

19

dr schwümmeler

buume kari?

dä git 's nümm!
het no plagiert
är kenni d schwümm
u gheit gly druf

wi marti seit

dür ds löchersieb[1]
i d ewigkeit

1 – 'löcherbecki' in « Rosa Loui » (1967) von Kurt Marti

vanessa

äs chüschelet
i ds mikrofon
wett gärn o mal
e CD brönne
tröimt scho
vo eurovision

äs git sech müeh
me möcht ihm 's gönne!

blogetrotter

är hocket vor
sym *MacIntosh*

äs würd ne gärn
mal frage:
– wosch?
u wett ne einisch
störe dörfe

är isch zäh stund
pro tag am sörfe

päch

äs gieng scho lang
mit ihm i ds bett
wär nid
das cheibe internet

e-hunter

är geit a sym *computer*
uf ne moorhüenerjagd
knallet all füf sekunde
drüü dere viecher ab

öb hüener oder ralle
är cha 's so richtig gniesse
das jage u das knalle
so ohni bluetvergiesse

dr balkon

ändlech i dr eigete wohnig!

uf dä ougeblick
hei d kathryn u ueli scho lang gwartet

zueggäh
si hätte lieber eini im parterre gha
mit emene zünftige bitz rase
vor der nase
zum fäderbällele oder grilliere
aber itz grad eini im füfte stock!
janu
immer no besser als gar e keni
u als ersatz für ds gärtli
hei si ja e grosse balkon
wo vor der ganze fassade düre
ume huusegge um louft
dr ueli het scho
grossi bluemechischte organisiert
so chöi si ömel e chli härdele
u de granium chüderle

är isch wider einisch am jätte
u tryni wott no schnäll
ga komissiönle

wüll dr bärimeter scho sider paar tag
uf räge steit
tuet 's no sicherheitshalber
alli balkontürene zue
rüeft em üelu i ds badzimmer
– i nime ke schlüssel
gäll du tuesch mer de uuf?
u zieht d wohnigstür hinder sech zue

wo 's em ueli langsam z windig wird
u er wider ine a d hilbi wett
merkt er
dass ne si frou usebschlosse het
wo sech nöie nüt bewegt dinne
chlopfet er geng wi wilder a d schybe
bis er mues angst ha
si löie de öppe ga
aber vo käthi ke spur

– das dumme huen
het allwä wider d ohrestöpsle dinne
futeret er u lütet ihm
uf ds handy aa

– ha d kathryn wölle nid ihri mailbox!

26

mofflet er zu dr anonyme stimm
u verlangt
ohni lang z überlege
d füürwehr

we e jungi frou 'schnäll'
geit ga komissiönle
cha 's under umstände es zytli ga...
wo ds käthi ändlech
vo syne ychöif zrügg chunnt
u gseht wi me sy ueli uf dr grosse leitere
vom füfte stock abeholt
mues es zersch emal abhocke

es faht scho aa rägne
wo si ändlech wider
im huusygang stöh
gredt wird nid vil im lift
ueli weiss nid rächt
öb er söll wüescht tue
mit sym froueli
oder lache über dä vorfall
definitiv nid um ds lache
ischs ihm wo er du no em
schlüsseldienscht mues aa lüte

27

d miss

mit vierzähni
missmuetig

mit sächzähni
missverstande

mit achtzähni
missbruucht

mit zwänzgi
miss-irgend-öppis

mit botox
misslunge

ds lotti

ds lotti
das bringe
chnochegstell
gseht sech
o scho
als *top model*

ferie reis

frei nach ere wahre begäbeheit

Sider paar tag
isch äs schwär am hirne

da het me es läbe lang puret
sunntig u wärchtig
summer u winter
bi jedem wätter
sälte einisch e chli zyt für siich
jitze het 's plötzlech gluscht
uf di carreis i ds allgäu
us em beobachter

– es dünkt mi
das sötti doch bim tonnerli müglech si
dr jakob isch jitze füfezwänzgi
dä wird wohl es paar tag
allei chönne zur sach luege
de isch üsi jüngschti ja o no da
die cha ihrem brüetsch choche
u d hushaltig mache – was meinsch?

chrischte lat sech überschnure
u drei wuche druuf
fahre si i mene komfortable car
gäge ds dütsche use

30

wo ds mädi zwee tag speter
de säu wott ga nache schütte merkt 's
dass öppis nid isch wi geng mit ne
d färli lige nume im strou desume
statt dr moore a de büppeni z hange
si rüeft dr kobi z hilf
aber är steit nume ratlos da
u chrauet sech am füdle

– da mues me doch öppis mache
u zwar so schnäll wi müglech
jammeret ds mädi

ja aber was?
dä gross gstabi
weiss sech o nid z hälfe

– sött me ächt em tierarzt rüefe?
ratet 's em brüetsch

– äh wohär dumms züüg
warte mer no mal chli ab

aber da het alles warte nüüt gnützt
di junge säuli si geng wi

31

teilnahmsloser desume gläge
statt wi gwöhnlech
im stall ume z pfure

– du i weiss was
me sött se e chli schröpfe
das hilft sicher
meit mädi zu kobi

dä het da nüt y z wände gha
u scho rennt äs
mit emene scharfe mässer
zur stalltüre y

wo d eltere vo ihrer reis
nach nöischwanstei
zrügg chöme
stöh si vor emene himeltruurige soustall

di zwee angehende veehdökter
hei dene arme tierli churzerhand
schlitze i d ohre gmacht
u d schwänz abghoue

wörter

Schrybt amne gedicht
u sii het müesse gugle –
jitz isch 's ihm nümm drum

us em haiku-atelier

gmischlets bärndütsch

Zahnlückegrotzli
hoseschinti
göllerwurst
trinkgyge
hebammeschweizi
ghüdermürggu
ranzechnüder
häftlinase
sühnispfünder
schilistorze
nonnezwick
späckschlotter
grittihälslig
frouebrünzler
schwigerchnöde
suurhänki
chnöignäpper
mälcherfurz
tschäderpüntel
giftschysser
täupelizytli
wyberchratte
gigelimischt
söifergöferli
färlidröscher
tüpfliputzer

normals bärndütsch

Sühniswyb
    chabisstorze
kanuneputzer
    nonnefurz
chlepfschyt
    sündemürggu
mälcherchnöde
    suurchabis
chachelimärit
    göiferlatz
seckelmeister
    gytgnäpper
tüpflischysser
    geislezwick
chalberhälslig
    froueschueh
gsüchtichnüder
    häftlimacher
ohremüggeli
    chnöischlotter
ghüderchratte
    tschäderhächi
färlimoore
    söiferlätsch
mäjidröscher
    hebammegöferli

no mal bärndütsch

Sühnisstorze
   chabiswyb
kanunefurz
   nonneputzer
chlepfmürggu
   sündeschyt
mälcherchabis
   suurchnöde
chachelilatz
   göifermärit
seckelgnäpper
   gytmeister
tüpflizwick
   geisleschysser
chalberschueh
   frouehälslig
gsüchtimacher
   häftlichnüder
ohreschlotter
   chnöimüggeli
ghüderhächi
   tschäderchratte
färlilätsch
   söifermoore
mäjigöferli
   hebammedröscher

37

janu

à la manière de ernst eggimann

janu
jaaanu
janusode
esischitzhauteso
esisch
esischitzeifachso
janu
janusode
dacha
dachame
chamenüt
dachameneifachnüt
dachameneifachgarnütmeh
henu
henusode

wosch

Wosch
woschnid
wisowoschnid
woschitzeifachnid

wisowoschitzeneifachnid
woschitzeifachnid

woschitzniddoch
woschnidamänd
woschnidamänddochglych?

bankverein

eggbank
sandbank
hindelbank
note-
hobel-
ofebank
rauhbank
bluetbank
fänschterbank
dräibank
strafbank
omatbank...

– omatbank?
– omat!

W M - 2014

mantra *à la manière de* beat sterchi

u de offseit?!
u de penauti!?
u de foul?!
u de händs!?
u de goal...?
u de offseit?!
u de penauti!?
u de foul?!
u de händs!?
u de goal...?
u de offseit?!
u de penauti!?
u de foul?!
u de händs!?
u de goal...?
u de offseit?!
u de penauti!?
u de foul?!
u de händs!?
u de goal...?
u de offseit?!
u de penauti!?
u de foul?!
u de händs!?

u de goal...?

osteria

Carcioffini
mozzarella
tortellini
mortadella

pappardelle
peperoni
tagliatelle
canelloni

cappuccino
gorgonzola
bardolino
coca cola

passatelli
mascarpone
canestrelli
...
mascalzone!

c'est la vie

im kunstmuseum
undereinisch oug in oug
mit rembrandt van rijn

us em haiku-atelier

gäge argumänt

hommage à kurt marti

We ne zahnweh plaget
läbt er no
we ne zahnweh plaget

we er d rose schmöckt
läbt er no
we er d rose schmöckt

we er wysse schöppelet
läbt er no
we er wysse schöppelet

we ne d liebi guslet
läbt er no
we ne d liebi guslet

ersch
we dr schryner misst
isch er tot

we dr schryner misst
isch er tot

aphorismus

mii düecht

– also
mii düecht 's
stärbe

eifach e soo

stärbe

dasch de scho
ds alleriletschte!

midlife-crisis

du wettisch
no eis jung sy

dass dr früehlig
wider chiem?

läb dys läbe
eifach rüejig wyter

carpe diem!

ds vreneli

Vor guet hundert jahr
het me dr nachwuchs no füdleblutt
uf emene fääli abgliechtet

dr eime frudi
wo i dr altstadt unde
es chlyses atelier het
isch so öppis wi ne spezialischt
für seregi bebefotine
fei e chli stolz
stellt er im stoubige schoufänster
es paar abgschossni züge
vo syre kunst uus

dozewys het er scho
roseroti bärnerfudi
tromsig uf syr mattschybe gha
vo pfuusbackige meitschi
mit ihrem erste entwaffnende lächle
bis zu magere suurnible

ei morge lütet ihm e frou aa u fragt ne
öb är zyt hätti
vo ihrem vreneli e foto z mache
si chämti öppe i ere stund mit ihm

isch das e frag
natürlech het er zyt
schliesslech isch es sy pruef

ändlech wider eis e uftrag
dänkt er
u spreitet routinemässig sys schöne
länghaarige schaffääli
drufabe montiert er di grossi hölzegi camera
uf ds gstabelig drübeinige stativ
macht i dr dunkelchammere
di verschiedene beder parat
kontrolliert no schnäll ds liecht
u züntet sech es pfyffli aa

o wenn er se erwartet
är fahrt glych uuf wo 's lütet
schlarpet gäge d tür
u erchlüpft grad z grächtem
wo er sys nöie fotomodäll
i fleisch u bluet vor sech gseht

das härzige vreneli isch drum
scho es paar jahr
zur schuel uus

49

dr sturzhelm

am lingge arm
der helm
freeset fredu
dä möff
dür ds dorf uus
wi e schelm
uf sym
frisierte töff
het linggs ab
bim ne huus
sött chli meh
achtig gä
wycht eme
meitschi uus
mues d kurve
änger näh
brämset mit
müeh u not
tätscht i d muur
gring voraa
blybt lige
– fasch wi tod…

sym surrbei
hets nüt ta!

50

familie

d karin bhet 's
nümme z huus
si zieht nach
kapstadt uus
retos
familie
wohnt scho
z brasilie
jitz züglet
kevin o
de grad
uf tokyo!

u ds grosi
ligt elei
i mene
altershei…

51

minimali strategie

paul
wett ändlech dr hof

vreni
ändlech e goof

vreene
ds pülli nümm gno
prompt
e goof übercho

pole
hof überno

eigetarts

dada

luap
tew cheldnä dr foh

inerv
cheldnä e foog

eneerv
ds illüp münn ong
t' pmorp
e foog ochrebü

elop
foh onrebü

fritz

är cha ja gar nüt derfür
dä guet fritz

o we er bärndütsch redt
wi jede angere
u sech i dr gieleschpraach uskennt
wi chuum eine
dr vater isch halt glych afrikaner
als *chauffeur* bi ere gsandschaft aagstellt
u das gseht me jitz eifach
syre hut aa

im chindergarte
wär 's ja no ggange
di chlyne gschpänli hei ne höchstens gfragt
öb är inwändig o so schwarz sigi

aber mit der pubertät
het das ggänderet
d schuelkamerade föh aa
ne z hänsle wäge syre hutfarb
'schneewittli' isch no z härzigste
wo er mues ghöre
u eines schönen tages
het 's üse fritz verjagt

– natürlech isch my hut dünkler als eui
dihr löle
aber dass ii da nüt drfür cha
söttet dr i euem alter
eigentlech wüsse
dihr syt allzäme so schön roserot
uf d wält cho
u nächhär gäge wyss abgschosse
so in e richtige gärberchäsli-*teint*
dr fredu sogar mit summersprosse
grad wi we er mit em tüüfel
schyssdräck ddröschet hätti

we dihr emal z lang ar sunne liget
ohni y z *crème*
de wärdet dr chräbsrot
im winter si eui chnöde vor chelti blau
we d verdouig nid rächt wott
überchömet dr e gälbe gring
u we eine znacht elei i chäller muess
wird er vilech sogar grüen vor angst

i verstah jitz nume nid rächt
werum dihr geng ume bhouptet
i syg dr einzig farbig ir klass!

55

bure *decathlon*

alphornblase
chäse
drösche
fahneschwinge
hornusse
jodle
mälche
mischtzettle
schwinge
steistosse

nie meh

nie meh
z bärg

nie meh
a ds meer

nie meh
es chuels bier

nie meh
musig vom schubert

nie meh
ds liebschte umarme

nie meh
nie meh…

sue and peggy

Si würkt scho e chli überspannt
di alti dame
mit ihrne ringe
a jedem finger mindeschtens zwee
o d armreife
treit si grad z dozewys
nid z rede vo de halschettine
u de meh als überdimensionierte
ohrebhänk
sövel zum schmuck
aber o d aalegi isch
usgfallener chönnti me nid

si het ihres läbe de junge gwidmet
als *english teacher* an ere privatschuel
u jitze
wo si pensioniert isch
chunnt si sech furchtbar unnütz vor

druff u dranne
ihres verlange nach zärtlechkeit
mit eme hund oder emene büüssi
us em tierheim z befridige
verliebt si sech churzerhand
i di chlyni *peggy*

das schlaue affli het grad einisch gmerkt
dass es sech so ziemli alles
wo ihm dür e chopf geit
cha erloube
wenn 's e mal z wyt sötti ga
u schimpfis i dr luft ligt
bringt sech das tifige tier
churzerhand uf eme schaft
oder emene vorhangbrätt obe
i sicherheit
u grinset ersch no fräch obenabe

d *sue* hätti ihre schützling
sicherheitshalber
verusse gärn a d leine gno
aber das het d *peggy*
um z verrode nie wölle akzeptiere
si het ds bändeli schnäller
wider ufgchnüblet
als me bbrucht het für ere 's aazlege
u so isch das guete tierli du halt
a mene morge
wo es bim über d strass loufe
wider nid het möge gwarte bis grüen isch
vo mene taxi übercharet worde

c'est la vie

ähnlechkeite mit läbende persone? reine zuefall

di beide
kenne sech scho
sit em gymer
hei gmeinsam studiert
hei bbüfflet
hei gchrampfet
sy z zwöit
i ds konzärt
i ds theater
i ds bett
es paar mal ga reise
nach china
nach rio
sy flyssig
ga tanze
ga schyne
ga schwümme
hei zäme
es huus
zwee süühn
u e tochter –

u jitz
dryssg jahr speter
verstöh si sech nümme…

facebook

d yolanda stellt i ds *facebook*
e foto us de jugedjahr
im früsche *sexy face look*
mit cholerabeschwarze haar

scho het si zwänzg verehrer
wo gärn mit ihre wei
u öppe ds glyche alter
wi ihri tochter hei

cassis-liqueur

d ursle isch fei chli stolz
uf ihres wunderschöne
gärtli vor em huus
si überchunnt aber o duurend
komplimänt vo de nachbüürine
wo ohni nyd zuegäh
dass ihri gmüesbeetli
u bluemebandeli
di bescht pflegte
vom dorf sy
grad geschter het ere
d frou vom turtschi
e zuecheghürateni wälschi gseit
– eh fchrou schläpp'
dihchr heit schön' *rhubarbe* !
ja, ihri rhebarbere sy das jahr
zümftig i ds chrut gschosse

aber no meh freud het si hüür
a de beeri allne voraa
de schwarze meertrübeli
u si het sech vorgno
ihre maa einisch
mit sälber gmachtem
cassis-liqueur z überrasche

– so di beereni si jitze afange
lang gnue aagsetzt
seit ds ursi ei morge
zue sech sälber
schüttet se churzerhand ab
geit use vor e stall
u wirft se imene grosse boge
uf e mischt

aber chuum si die dert glandet
flügt scho ds gsamte fädervolch
inklusive güggel
uf e mischtstock
dass d fädere nume so flüge
u pickt di bsoffene beeri
rübis u stübis uuf

z ersch erchlüpft di gueti püüri
wo si aber churz druuf
ihre ganz hüehnerstall
gseht im hof umetorkle
muess si glych gredi use gugle
chli weniger um z lache isch 's ere
wo si du während paar tag
kes einzigs ei zum stall uus treit...

cheibe züüg

Wi mängisch
ha ii doch jitze scho
zyt verlore dermit
verloreni zyt
wölle y z faa

vorfieber

---

het wider
erger gha
wett a
d regatte ga

aber d yacht
isch no leck
e breite
spalt am heck

chittet u
fielet dra
dass er de
starte cha

chuum wider
uf em see
mues er scho
écoper[1]

1 – französisch; *écoper* : Wasser schöpfen

testamänt

spiez

dert wo me mii
als pfüderi
mal gwicklet het
u gwieglet
wo d niesepyramide
sech im klare wasser spieglet
wo ds tuusigjährig chilchli
höch uf steilem ufer steit
dert möcht i
dass zur letschte rueh
me myni äsche treit

ewigkeit

sprichwort

We jedes jahr
es vögeli
sy schnabel wetzi
am granit
bis es dr niese
nümme git
denn sygi vo dr
ewigkeit
ersch e sekunde
abe gheit...

höchi absätz

---

läck doch mir!

excusez
das isch mer jitz eifach
grad e so use grütscht

u zwar nid
wüll si mit soo höche absätz umelouft
bi derig schöne bei
mache sech höchi absätz
nämlech no cheibe guet

nei
das 'läck doch mir'
isch mr use grütscht
wüll si mit dene höche absätz
zur jungfroubahn
usgstige isch
uf em *top of europ*
ganzi 3 454 meter über meer!

die isch allwä grad diräkt
vo luzärn cho
übere brünig
chappelebrügg – jungfroujoch retour

68

u het vo hochalpine verhältnis
ke blasse dunscht

derfür het si e dicke reisefüehrer
luter kolonne vo kuurlige schriftzeiche
dert drinne steit allwä
was me mues gseh ha *in switzerland*
u vo wo uus
dass es di schönschte fotine git
da cha eigetlech gar nüüt meh schief ga

über d achsle gworfe
treit si es *carrée d' hermès*
u wäge dr fyschtere sunnebrülle
gseht me di schöne ouge
wo bi so ere eleganz darfsch erwarte
leider nid
schad

i luege ere no nache
wi si mit emene riisige
fotoapperat bewaffnet
em yschpalast zuestüüret

es faht mi grad aa tschudere…

69

sibe brünne

simme quelle

Us steile felse
schiesse si
di wilde
tränebäch

wär briegget
z luter wasser
isch es
ds flueseehöri äch?

Flueseehöri 2'138 m, westlich des Wildstrubelmassivs

70

für d chatz

We 's e chatz isch
blybt 's e chatz

chasch no so lang
ga möögge

– platz!

dr küre

dr küre isch e flotte siech
hilfsbereit wi nid grad eine
we me bim drösche
no öpper meh chönnt bruuche
– rüef doch em küre
u we bim zune eine fählt
– dr küre chunnt scho
me bruucht no eine für z mäje?
küre hie
e chue isch am chalbere?
küre da…

aber sy mer ehrlech
ds pulver
het är de nid erfunge
u es git ere im dorf
wo no hütt nid begryffe
wiso dä überhoupt
het chönne wybe
u de ersch no so e flotti
wo dr chare schmeisst
u mit ihrem wullelädeli
für di ganzi familie
alleini ufchunnt
aber was wott me

nyder git 's überall

jitz meint ei morge
dr habegger zue ihm:

– du küre
i ha gester aabe gseh
wi de dyr frou
i dr häll erlüüchtete stube
hesch es müntschi ggä
du söttisch albe z ersch
d läde zue zieh
das wäri de vil intimer
meintisch nid o?

– cha ja gar nid sy
git ihm dise troche zrügg

– bi nähmlech
gar nid deheime gsy
es dünkt mi
du söttisch langsam wüsse
dass ii jede midwuchaabe
im löie jasse
du löl!

arabische früehlig

Vo tripolis
über misratah
nach syrt'
vo benghazi
bis kairo
u no wyter hinge
verschlöh si sech
gägesytig
ihri gringe

vo damas
über homs
bis aleppo
yche
luter
usbrönnti panzer
ruine
u lyche

utopia

Wenn 's
gäge oscht
es land guub
ganz ohni chritz
u gchäär
giengt i gärn eis
ga gugge
wi 's
ohni chriege wär

banlieues

Um rio
und um caracas
git 's *barrios*
u *favelas*

um bärn u züri
hei mer ehnder
e outobahn
u ychoufs-*center*

schläckzüg

Vo letscht wo i im drüü ämm
bim schläckzüg düre loufe
lache mi dert bygetewys mohrechöpf...

äää nei
das dörfi me hütt ja gar nümme säge
es tuet mer leid
aber äbe, als giele hei mir
di extrem süesse schoggigüpf
mit wyssem schuum drinn
nume under däm name kennt
hütt seit me dene jitz *kiss*-irgendöppis
o we änglisch no nid
di füfti landessprach isch
ömel hietnache inderlache
kiss heisst übrigens uf bärndütsch
immer no müntschi wenn schon!
u de si di dinger e soo gsund
dass es vierzger packige git
chasch grad e kuur mache
u ersch no zum aktions priis

a propos gsund
zum glück wüsse d eltere nid geng
was d ching mit ihrem sackgäld choufe

es isch fasch e instituzion z frankriich
ömel z paris u i syr *banlieue*

tunesier
wo mit chind u chegel us djerba
uusgwanderet si
über ds mittelmeer
für hie es chrämerlädeli uf z tue
findsch so zimli alls
wo de no schnäll bruuchsch
vor allem denn
we di andere lengschte zue hei
churz vor mitternacht
zum byschpil
u dr lade vo üsem *djerbien*
ligt ersch no ganz ir neechi
vom *lycée hector berlioz*
an ere strass wo tagtäglech
schaare vo schüelerinne u schüeler
düre loufe

da bin i doch wider mal im lädeli
vo üsem 'jerbi' gstande
e familievater
isch grad vor mir bedienet worde

– bonjour
je viens prendre la commande de ma fille[1]

– trrès bien monsieur
u jitze het dr *djerbi*
us verschidene gleser
schläckzüg füregchramet

schwarzi lahmi spaghetti
fürrot zsämegrugeleti schpirale
giftiggrüeni gummibärli
u weiss ii no was alls

dr papa het je lengerschi meh
ouge gmacht wi pfluegsredleni

– je n'aurais jamais imaginé que ma fille mange
ces trucs dégueulasses ![2]

1 – I chume d Bschtellig vo myr Tochter cho reiche.
2 – I hätt mer 's nie la troume, dass my Tochter settigs gruusigs Züüg isst!
   (*dégueler*, derb, chotze)

79

sänkrächt

gä
sygi
seliger
als
näh

näh
isch
doch
viil
gäbiger

du chasch
o nid
geng
nume
gä

steisch
gly
emal
blutt
da

coup de foudre

---

ei morge wo ii d läde ufmache
steit d venus vo bümpliz im fänschter
si het mii mit ihrem strahlende lache
diräkt i sibete himmel treit

scho nach paarne sekunde – i finde 's nid toll
entschwindet das himmlische gschöpf myne blicke
am arm vo ihrem vorort apoll
i bi grad wider abe uf d ärde gheit

geit mi nüüt aa

'S geit mi ja nüüt aa
aber die
dörft wider einisch
d schybe putze

    mues dä scho wider
    gopfridschtutz
    ds trottoir
    als parkplatz benutze

die z oberscht
het e nöie fründ
scho ume eine
us em oschte

    hesch gseh
    was die vom dritte alls
    i ihre chlyne
    camper moschte

chöi die niid
wi normali lüt
über d fuessgängerstreife
loufe

meyers tüe
dr chare putze
wei si di schwarte
no verchoufe

me geit doch nid
bi dere hitz
mit somne göfi
ga spaziere

hütt amne sunntig
het die wösch
jitz mues i einisch
reklamiere

bi rieses
müessi schynts dr alt
scho lang
nach ihrer gyge tanze

lue mal das bier
wo dä ma gsuuffe
kes wunder
het er so e ranze

dr poet

hommage

bi marti
macht
es wülchli
sälbstmord

d mönschheit
gheit dür nes
löcherbecki
vögel
luure
kurlig

d louine
si rosa
dr himel
flambiert
tröim
wärde
gmetzget

d chisle
wo d fisle
schifere
hei flügel

bi marti

ysicht

Wenn 's i de
hirnwindige
chnüpple git

we d tinte
i dr fädere
trochnet
u ds papyr
jungfräulech
blybt

i schicke mi dry

*n'est pas poète
qui veut !*

haiku – senryû

gyraffe geburt
us fasch zwee meter höchi
dr sturz i ds läbe

us em senryû-atelier

métro

---

für *rome – stalingrad*
bruucht si knapp zäh minute
flüger hei lenger

im sächsi-verchehr
nümme fahrgascht – sardiine!
es schweiselet scho

Stockbsoffne *clochard*
es jungs tüpfi rümpft d nase
drei plätz blybe läär

chirsi

dä boum graglet voll
vo schwarz glänzige chirsi
schätzelis ouge

mym liebschte es gschänk
zwöi prallroti chirsipaar
süessi ohrebhänk

us em haiku-atelier

Verzworglet arve
wärfe chuum gradi schätte
uf ruuche bode

müed tropfet winter
vo de nasse schwarze escht
veieli ougle

summer

mohnblueme am bort
fräch züntroti farbtüpf
vo beiji umworbe

hochsummer – siesta
ihri fiini hand uf sym
bruun warme rügge

imne sunnestrahl
hinder zuenige läde
em stoub sys ballett

salammbô

ports puniques

bluetig schynt 's wi füür
dür di schwarze zypresse
karthago lüüchtet

es letschts zarts rosa
uf ere wysse kupple
es fischli ggumpet

us em dunkle meer
stygt e riise silbermond
i di hälli nacht

us em senryû-atelier

Vom outofriedhof
dür gwirbigi händ an es
oldtimer-rallye

Zmitts uf em *trottoir*
scheichlet es chlys himmelgüe...
nei – scho vertschalpet

spiezer

Si putze dr trüel
winzerinne im räbbärg
dionysos lachet

inhalt

I är u äs

II wörter

III *c'est la vie*

IV haiku – senryû

post scriptum :

i ha mi bi myre schribwys vom Ärnscht Steiner
la inspiriere.

Ernst Steiner: « Wi me Bärndütsch schrybt »
1982 im Viktoria Verlag, 3510 Konolfingen.
ISBN: 3-85958-021-3